Anton Schulte

Das habe ich mit Gott erlebt

Wie Menschen Jesus Christus begegnet sind und was sie dabei erfahren haben

Hänssler-Verlag
Neuhausen-Stuttgart

TELOS-Sondertaschenbuch S 704

ISBN 3 87067 094 0

1. Auflage 1977: 1.–150. Tausend
2. Auflage 1978: 151.–200. Tausend
3. Auflage 1979: 201.–250. Tausend

Umschlaggestaltung: Friedrich Haarhaus / Foto ZEFA
Textfotos: dpa 7; Foto Lachmann 9, 23, 27, 34, 41, 44, 53;
Archiv »Neues Leben« 13, 18, 20, 49, 59
Printed in Germany 1979

So hat mich Gott eingeholt

Für die meisten Leute meines Alters gilt es noch als selbstverständlich, daß sie christlich erzogen wurden. Ich hatte gottesfürchtige Eltern, und heute bin ich ihnen dankbar dafür. Aber als ich 17 wurde, begann ich darüber nachzudenken, weshalb ich eigentlich da bin. Niemand hat mich dazu aufgefordert, es kam aus mir selbst. Ich machte Bestandsaufnahme. Und ich fragte mich, ob das mit meinem Leben, so wie es war, seine Richtigkeit hatte: ob sich Theorie und Praxis, Religion und Alltag auf einen Nenner bringen ließen. Und mit einem Mal merkte ich: sie ließen sich keineswegs.

Die Christen sprechen von einem inneren Frieden; ich besaß ihn nicht. Im Gegenteil, in mir war alles aufgewühlt. Ich suchte und wußte im letzten Grunde nicht was. Ich war unsicher, und ich wußte es. Die Bibel spricht von Gewißheit, und am Sonntag predigte der Pfarrer darüber; aber ich hatte trotzdem keine. In jener Zeit habe ich mich mit manchem Geistlichen unterhalten: über Reinheit, Ehrlichkeit, Frieden, Freude. Aber letztlich konnte ich nur immer wieder feststellen, daß ich das alles nicht besaß. Ich verfügte auch nicht über die Kraft, der Versuchung zu widerstehen und gewissen Dingen den Eintritt in mein Leben zu verwehren. Je mehr ich mich anstrengte, ein anständiger Mensch zu sein, um so mehr verfiel ich in die Fehler, die ich eigentlich vermeiden wollte.

Als Folge wendete ich mich, etwa mit 17 Jahren, radikal vom Christentum ab. Ich betrat keine Kirche mehr. Und es gab für mich keinen Gott. Es durfte auch keinen geben – denn wenn er wirklich existierte, dann war ich schlecht dran. Also suchte ich die Gesellschaft von Menschen, die überzeugt davon waren, daß es keinen Gott gibt. Ich habe sie gefunden, es gab viele. Nur habe ich nach einiger Zeit festgestellt, daß sie ihrer Sache auch nicht sicher waren.

Ich werde das nie vergessen. Als junger Soldat im Fronteinsatz hielt ich mich besonders an die Kameraden, die lautstark propagierten, daß es keinen Gott gäbe. In ihrer Gegenwart fühlte ich mich sicherer, denn ich wollte nicht, daß es einen Gott gibt.

In wochenlangem Stellungskampf aber zwischen dem Rattern der Maschinengewehre und den Einschlägen der Granaten entdeckte ich, daß vom Atheismus meiner Kameraden nichts mehr übrigblieb. Hier wußten sie genauso gut wie ich, daß atheistisches Denken keine Überzeugung, sondern lediglich eine Hoffnung ist. Dieser Zusammenbruch meines atheistischen Denkens war für mich schlimmer als die vorausgegangene Abwendung von einem formalen Christentum. Für mich brach die Welt zusammen. Jetzt hatte ich gar nichts mehr: Dem Christentum hatte ich den Laufpaß gegeben, und nun war auch die Welt des Atheismus eingestürzt. Ganz allmählich formte sich in mir die Erkenntnis: es muß einen Gott geben. Ich hatte keine Ahnung, wie er aussieht, und ich wußte nicht, was er tut. Aber ich wußte, daß es in diesem Leben etwas gibt, das ich nicht kannte. Und danach begann ich zu suchen.

Als meine Kameraden aus der Kriegsgefangenschaft entlassen wurden, blieb ich noch einige Jahre in Schott-

land und mistete Kuhställe aus. Das war eine nützliche Zeit; ich hatte Muße, über mein Leben und über Gott nachzudenken.

Als Zivilarbeiter auf einer schottischen Farm wurde ich an einem Samstagabend zu einer Zusammenkunft junger Menschen eingeladen. Nur widerwillig ließ ich mich mitschleifen. „Das ist doch nur der alte kalte Kaffee", sagte ich mir, „die wollen bloß andere für dumm verkaufen, sie wollen Beiträge kassieren und Mitglieder sammeln, damit sie nachher mit ihren Mitgliederlisten angeben können." Laut sagte ich nicht viel, aber in meinen Gedanken schenkte ich ihnen nichts. Dann stellten sich vorn einige junge Leute auf und sangen ein Lied:

Er lebt, er lebt, mein Jesus lebt auch heut.
Er geht mit mir, er spricht mit mir,
er führt mich allezeit.
Du fragst, wie weißt du's, daß er lebt?
Er lebt im Herzen mir.

So ungefähr lautete der Text. Und ich dachte: das ist doch wieder der alte Zopf. Er lebt ja gar nicht, das haben die Jünger nur zusammengelogen. Sie haben nur irgendeinen Verein aufmachen wollen. Jesus war gestorben, er konnte nicht leben.

In mir war alles Protest. Aber als ich mir diese jungen Leute genauer ansah, da mußte ich mir eingestehen: Betrüger sahen anders aus. Und dumm waren sie auch nicht. Wenn die so etwas sangen, dann mußte was dran sein. – Anschließend berichteten junge Menschen davon, wie ihr Leben anders geworden war. Und mit einem Mal begriff ich: Die haben genau das, was ich selbst

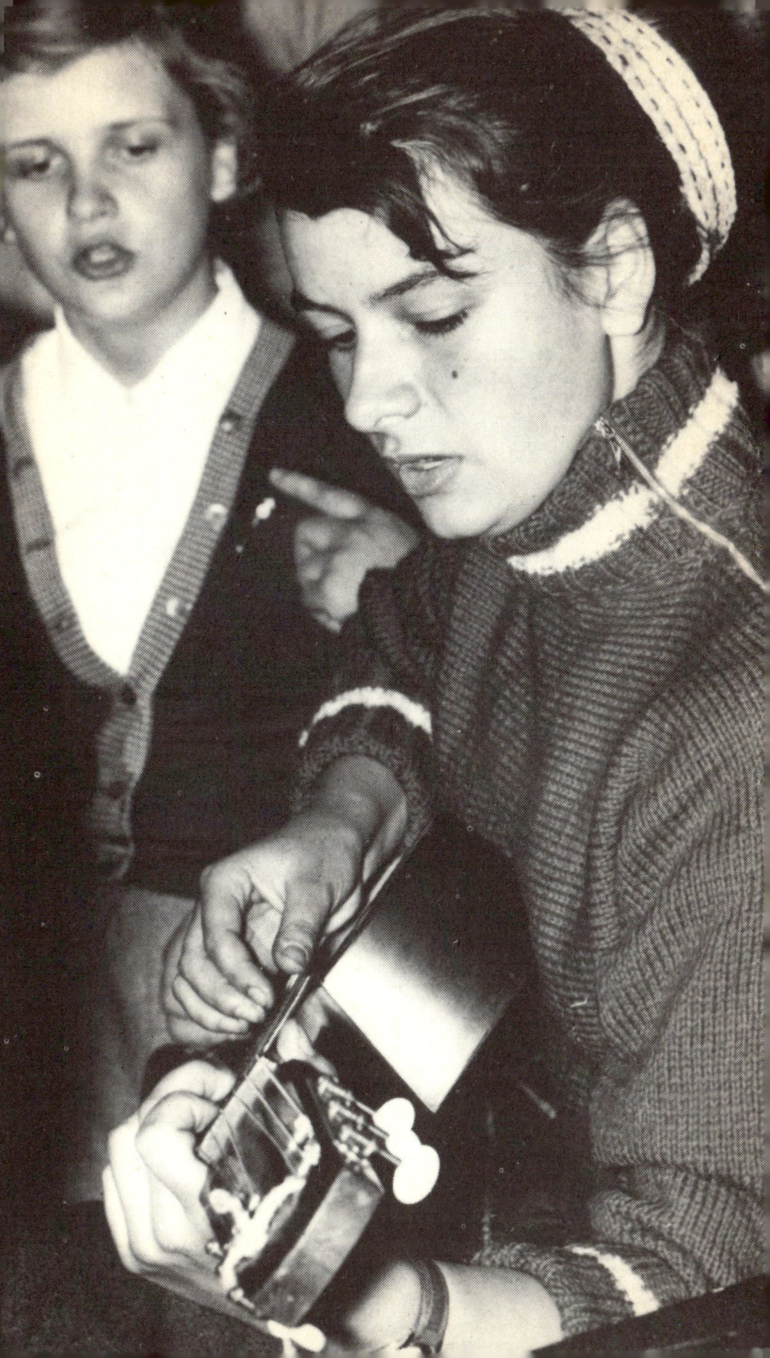

immer gesucht hatte. Sie redeten nicht von einem Verein, und sie hatten keine Mitgliederliste. Sie sagten nur immer wieder, daß man Jesus Christus als persönlichen Herrn und Heiland brauche.

Vier solche Samstagabend-Veranstaltungen habe ich besucht. Am vierten Abend stand einer vorn auf dem Podium, blickte in den Saal, zeigte mit dem Finger genau auf mich und sagte: „Du brauchst Jesus!" Ich zog sofort den Kopf ein, denn ich dachte, er hätte mich erkannt. Aber später stellte sich heraus, daß er aus einem anderen Ort kam und mich noch nie gesehen hatte. Er wußte gar nicht, wohin er gezeigt hatte. Aber Gottes Hand war an jenem Abend ausgestreckt. Und sie zeigte auf mich. Es gab einen kurzen, aber heftigen Kampf. Ich war hin- und hergerissen. Eigentlich wollte ich nach vorn gehen, aber meine Füße bewegten sich schon dem Ausgang zu. Es zog mich förmlich hinaus. Aber als ich draußen stand, machte ich kehrt und ging zu jenem Mann zurück. „Ich muß mein Leben Jesus Christus geben", sagte ich zu ihm.

Ich weiß nicht mehr, was ich an jenem Abend gesagt und gebetet habe, aber eins weiß ich: An jenem Tag habe ich vor Jesus Christus kapituliert. Ich habe ihm mein Leben übergeben. Das ist jetzt über 20 Jahre her, aber ich habe es keine Sekunde lang bereut. *Anton Schulte*

Gott kann man nicht davonfahren

Als Junge wollte ich entweder Lokomotivführer oder Rennfahrer werden. Es kam zum letzteren. Ich entdeckte den Sport, und sechs Jahre lang brachte er mir wirklich ein Stück Lebenserfüllung: Ich wurde dreimal Württembergischer und einmal Deutscher Motocross-Meister. Zum Verhängnis wurden mir dann zwei meiner eigenen Schwestern.

Ich wohnte zu jener Zeit bei einer Familie, die einen Sohn in meinem Alter hatte. Er besaß wie ich vier Schwestern. Wir verstanden uns wortlos; denn wir wußten beide, was das heißt.

Eines Tages kamen zwei meiner Schwestern aus dem Urlaub zurück und waren Christen geworden. Daraufhin luden sie mich oft zur Jugendveranstaltung ein. Aber ich fand viele Ausreden. Mit dem frommen Kram wollte ich nichts zu tun haben. Aber irgendwie beeindruckte mich die Veränderung, die mit den beiden vorgegangen war. Im Grunde waren sie ähnlich wie ich, auch so ein bißchen kampflustig. Da gab es manchmal Kleinholz; denn auch Schwestern können sich ganz schön prügeln. Daß sie jetzt anders waren, machte mir zu schaffen.

Schließlich schleppten sie mich in eine Jugendveranstaltung in Stuttgart. Der Redner sprach über das Leben. Was er sagte, packte mich. Ich spürte, daß er die Wahrheit sagte. Einige Zeit später verbrachte ich mit dem gleichen Jugendkreis ein Wochenende in der Ulmer Jugendherberge. Am Ende der Tagung sagte ich zu dem Freizeitleiter: „Ich möchte ja gern glauben, Herr Pfarrer, aber ich kann nicht." Ich kam zwar aus einer gutchristlichen Familie, erlebte einen guten Konfirmandenunterricht bei einem Pfarrer, der wahrhaftig glaubte, was er sagte. Ich wußte, was gespielt wurde, aber ich konnte trotzdem nicht glauben. Da stand der Freizeitleiter, es war der bekannte Pfarrer Heinrich Kemner, von seinem Stuhl auf und kniete nieder. Was blieb mir anderes übrig, als ebenfalls niederzuknien. Der Pfarrer sprach ein kurzes Gebet. Er bat Gott, daß er sich mir selbst zeigen möchte. Dann war ich entlassen.

Erst viel später habe ich begriffen, daß dieser Mann damals genau das Richtige getan hat. An jenem Tag hat sich die Welt keineswegs für mich verändert. Aber der Pfarrer hatte Gott den Schwarzen Peter zugeschoben: Er selbst sollte mir zeigen, daß er mich haben wollte. Und das war der richtige Weg.

Dann kam das entscheidende Wochenende. Eigentlich bin ich nur mitgefahren, weil mich Langeweile drückte. Inzwischen hatte ich manches über das Christsein gelernt, und zu dem Kreis gehörten einige junge Leute, die mir imponierten. Ich gebe es zu: es waren auch einige Mädchen darunter. Und ich weiß, daß ich damals dachte: „Wenn du mal so eine zur Frau bekämst, das wäre nicht schlecht. Nicht so eine, mit der man ohne weiteres machen kann, was einem paßt." Vielleicht lächelt jetzt mancher. Aber es kann einem doch zum Hals raushängen, wenn man sieht, wie die anderen auf der Strecke bleiben.

Ich sehnte mich nach Geborgenheit, nach Festigkeit, nach einem Mittelpunkt. Ich wollte nicht selbst im Mittelpunkt stehen; ich suchte einen, der den verbindlichen Maßstab mitbrachte. Die jungen Leute in jenem Jugendkreis lebten das, wonach ich mich sehnte. Ich glaube, kein einziger von ihnen war Sportler. Aber sie hatten mehr als ich. Sie hatten Christus. Und das spürte ich immer wieder neu, wenn ich mit ihnen zusammenkam.

Ich war damals 23 und stand mitten in der Motocross-Saison. Kurz vorher hatte ich zusammen mit einem Freund das schwerste Rennen meines Lebens gewonnen: das 24-Stunden-Rennen auf der Berliner Avus, das einzige Straßenrennen, das ich je gefahren bin. Aber an diesem Wochenende wurde mir klar: „Helmfried, du stehst vor einer Entscheidung.“ Und ich rechnete mir das alles an jenem Tag aus. Ich konnte sicher auch so glücklich werden; ich brauchte meine Frau nicht zu betrügen wie viele andere; vielleicht konnte ich es bis zum Motocross-Weltmeister bringen und zu einer beruflichen Position, die mich ausfüllte. Aber, wenn ich an jenem Tag an Christus vorbeiging, dann – das wußte ich – war ich am Leben vorbeigegangen.

Das hat mir niemand gesagt: meine Schwestern nicht und auch der junge Pfarrer nicht, der damals die Freizeit leitete. Gott hat mir gezeigt, daß es ihn gibt. Er selber hat es mir klargemacht. Und mir wurden die Knie genauso weich wie vor den ganz schweren Läufen zur Deutschen Motocross-Meisterschaft, wenn wir am Start standen und nicht wußten, wer als erster aus der nächsten Kurve flog.

An jenem Wochenende traf ich meine Entscheidung,

weil ich mich nicht traute, anders zu handeln. Ich wagte es einfach nicht, Gott länger zu widerstehen. Ich hatte vieles gehört und ahnte, was er im Leben eines Menschen tun kann: daß der Schöpfer das Geschöpf erst richtig zur Entfaltung bringt. Darum sagte ich: „Herr, nimm mein Leben in Deine Hand. Ich weiß zwar nicht genau, ob Du für mich da bist; aber nun laß mich's bitte erfahren. Hier hast Du mein Leben und meine Motorräder." Die gehörten für mich zum Leben dazu.

Dieses Gebet war ein Willensakt. Wenn einem die Knie schlottern, dann helfen keine Gefühle. Ich wußte: Ich bin mit meiner ganzen Persönlichkeit gefragt; mit allem, was ich bin und habe – bis ich die Augen schließe. So lange.

Diese Entscheidung war die wichtigste in meinem Leben. Natürlich folgten viele andere, die ebenfalls von Bedeutung waren, aber sie wurden alle von dieser einen her bestimmt. Und ich weiß: „Helmfried, hier, an dieser Stelle, hast du keinen Fehler gemacht." Die wichtigen Entscheidungen können erst richtig getroffen werden, wenn die allerwichtigste Entscheidung gefallen ist: die Lebensentscheidung für Jesus Christus. Damit ordnen sich alle anderen Entscheidungen meines Lebens dem Willen und den Gedanken Gottes unter. Und damit kommt mein Leben ins Lot. *Helmfried Riecker*

So stell ich mir die Christen vor

In der Berliner Kongreßhalle sprach der Herausgeber eines großen Wochenmagazins über das Thema: „Wie stelle ich mir die Christen vor?“ Im Verlauf seines Vortrags erklärte er fest: „Ich bin getauft, konfirmiert und zahle Kirchensteuer. Folglich bin ich Christ.“ – Nun, das war seine Meinung, und er hatte das Recht, sie zu vertreten. Aber stimmte die Behauptung, die er da aufgestellt hatte?

Wird man dadurch Christ, indem man christlich getauft und konfirmiert wird und Kirchensteuer zahlt? Der Mann, der in der Berliner Kongreßhalle jene Meinung vertrat, steht mit seiner Auffassung keineswegs allein da. Unter der Bezeichnung „Christ“ kann man heute sehr viel oder sehr wenig, auf jeden Fall aber sehr Unterschiedliches verstehen. Bei bestimmten politischen Auseinandersetzungen hat man sich z. B. angewöhnt, nicht mehr von „rechts“ oder „links“, sondern von Christen und Moslems zu sprechen. Sind das aber alles Christen, die man da auf Grund ihres Taufscheins zählt? Auf der anderen Seite hat man den Begriff „Taufscheinchristen“ geprägt – man meint damit Leute, deren Christsein sich auf ihren christlichen Taufschein beschränkt – oder man spricht von „Namenchristen“, sie tragen nur noch den Namen. Sie selbst oder andere bezeichnen sie so. Aber ihr Leben weist die Merkmale echten Christseins nicht auf. Von solchen Menschen sagt die Bibel: „Du hast den Namen, daß du lebst, aber du bist tot“ (Offenbarung, Kapitel 3, Vers 1).

Man muß Ihn persönlich kennen

Als Musiker besuche ich gern Konzerte. Während meiner Studienzeit in Chicago fehlte mir dazu meist das Geld. Deshalb freute ich mich immer besonders, wenn ich eine Eintrittskarte geschenkt bekam. Das geschah meistens dann, wenn mir der mitwirkende Künstler persönlich bekannt war. Es nutzte mir gar nichts, wenn ich viel über ihn wußte, seinen Lebenslauf und seinen musikalischen Werdegang kannte. Man mußte einfach persönlich mit ihm Verbindung haben. Ich habe festgestellt, daß es ganz ähnlich ist, wenn man Christ sein will.

Einige Jahre lang bin ich brav mit meiner Familie in die Kirche gegangen: an jedem Sonntag und manchmal auch während der Woche. Dabei habe ich viel über Religion gelernt. Ich habe erfahren, daß Jesus Christus der Sohn Gottes ist, daß er stellvertretend für die Sünde der Menschen starb, daß er von den Toten auferstanden ist und heute lebt. Und ich habe das sogar geglaubt. Trotzdem fehlte mir diese persönliche Bekanntschaft – das persönliche Verhältnis zu Gott.

Eines Tages begriff ich, daß ich meine Sünde, meinen Ungehorsam und meine Gleichgültigkeit Gott gegenüber ihm persönlich bekennen mußte. Ich mußte ihn selbst um Vergebung bitten und das Geschenk seines Heils ganz persönlich für mich annehmen. Ich wollte für mich erfahren, was im Epheser-Brief gesagt ist: „Denn aus Gnade seid ihr gerettet worden, durch den Glauben. Und das nicht aus euch. Gottes Gabe ist es. Nicht aus den

STEIN

Werken, auf daß sich nicht jemand rühme" (Epheser-Brief, Kapitel 2, Verse 8 + 9). Ich war allein zu Hause und habe einfach, so gut ich es konnte, zu Gott gebetet. Ich habe Jesus Christus mein Leben übergeben und ihm die Herrschaft darüber eingeräumt.

Das war der erste Schritt. Gott hat daraufhin vieles in meinem Leben geändert. Ich bin froh, täglich erfahren zu dürfen, daß er für mich da ist; auch für meine Frau, für mein Kind. Er sorgt für uns, wir dürfen mit ihm reden und ihm alles sagen, er spricht durch das Wort der Bibel zu uns. Daß es so ist, hängt nicht davon ab, weil ich manches über ihn weiß, vielmehr hat er mir den Weg bereitet, Jesus Christus persönlich kennenzulernen.

Gordon Schultz

Getünchte Gräber

Christsein hat zuallererst mit Jesus Christus zu tun. Und Jesus hat sich entschieden gegen jede äußere Frömmigkeit gewandt, die mit der inneren Haltung eines Menschen nicht übereinstimmt. Solche Leute gab es auch in den Tagen seines öffentlichen Auftretens zur Genüge; sogar die religiösen Führer des Volkes zählten dazu. Jesus bezeichnete sie als Heuchler und verglich sie mit den zur Zeit des Passahfestes weiß getünchten Grabstätten.

Das Passahfest wurde zur Erinnerung an die Befreiung aus Ägypten gefeiert. Während der Vorbereitungszeit auf dieses Fest mußten sich alle Juden von den Gräbern fernhalten, weil sie sich sonst verunreinigt hätten. So machte man die Grabstätten dadurch kenntlich, daß man sie weiß kalkte; das vertrug sich durchaus mit den frischen Farben der Frühlingslandschaft. Jesus aber ging mit den „Scheinheiligen" seiner Tage hart ins Gericht. Er sagte: „Ihr seid gleich wie die übertünchten Gräber, welche auswendig hübsch scheinen, aber inwendig sind sie voller Totengebeine und lauter Unrat. So auch ihr: von außen scheinet ihr vor den Menschen fromm, aber inwendig seid ihr voller Heuchelei und Übertretung" (Matthäus, Kapitel 23, Verse 27 + 28).

Natürlich hatte Jesus nichts gegen echte Frömmigkeit. Aber er kritisierte es hart, wenn die innere Haltung eines Menschen seiner zur Schau getragenen Frömmigkeit nicht entsprach. Also bloß keine fromme Tünche und weg mit allem christlichen Gehabe, dem unser Leben nicht entspricht. Jesus hat die Reihenfolge, um die es beim Christsein geht, eindeutig klargemacht: Zuerst muß das Innere eines Menschen, seine Persönlichkeit gereinigt werden. Die Reinigung seines nach außen sichtbaren Verhaltens ist dann eine logische Folge.

Bei mir ging alles schief

Alles, was ich mir vornahm, brachte mir nicht die erwartete Erfüllung. Ich verpaßte manche günstige Gelegenheit, um im Leben vorwärtszukommen. Darüber ärgerte ich mich dann grau. Ich glaubte nicht an Gott, sondern an ein vorbestimmtes Schicksal. Deshalb hielt ich mich für einen Pechvogel und dachte manchmal, ich sei unter einem unglücklichen Stern geboren. Aber mein eigentliches Problem lag tiefer: Ich hatte keine Verbindung zu Gott. Ich glich einer Lampe ohne Strom, war nicht an die Kraft- und Energiequellen Gottes angeschlossen.

An einem Abend wurde bei mir alles anders. Ich begriff, daß mir das Entscheidende fehlte: nämlich die Kraft, die einen Menschen glücklich macht und seinem Lebensschiff den richtigen Kurs gibt. Junge Menschen erklärten rundheraus, daß Jesus Christus diese Kraft in ihrem Leben sei. Durch ihn hatten sie Vergebung ihrer Schuld, ewiges Leben, Freude und Frieden empfangen. Diese Menschen haben mir den Weg zu Jesus Christus gezeigt. Durch ihn bin ich in Gemeinschaft mit dem lebendigen Gott gekommen. Im Glauben überließ ich Jesus Christus die Herrschaft über mein Leben, und das begann sich praktisch auf allen Lebensgebieten auszuwirken. Er gab meinem Leben einen neuen Kurs, er krempelte mich um. Natürlich vollzog sich das nicht alles innerhalb einer Stunde. Aber es hat an jenem Tag seinen Anfang genommen und bis heute nicht aufgehört. *N. N.*

So erlebten es die ersten Christen

Drei Jahre lang, etwa im Alter von 30 Jahren, wirkte Jesus Christus in der Öffentlichkeit. In dieser Zeit wählte er unter den vielen Menschen, die ihm nachfolgten, zuerst 12 und später noch einmal 70 Schüler aus, die wir meistens als seine „Jünger" bezeichnen. Sie hörten seine Reden, erlebten die Zeichen und Wunder mit, die er tat; sie wurden von ihm unterwiesen und mit besonderen Aufgaben betraut.

Jesus wies die Jünger verschiedentlich darauf hin, daß er nach dem Willen seines himmlischen Vaters leiden und sterben müsse. Jesus sagte seinen Kreuzestod und seine Auferstehung voraus. Weil er sich als Gottes Sohn bezeichnete, wurde er von den Juden der Gotteslästerung beschuldigt und auf ihr Betreiben von den Römern an einem Kreuz außerhalb Jerusalems hingerichtet. Am 3. Tag stand er von den Toten auf. Danach wirkte er noch 40 Tage unter seinen Jüngern. Auf dem Ölberg östlich von Jerusalem verabschiedete er sich von ihnen und gab ihnen den Auftrag, die gute Nachricht von seinem Sterben und Auferstehen allen Menschen in aller Welt zu verkündigen. Dann kehrte er zu seinem himmlischen Vater zurück; eine Wolke nahm ihn vor den Augen der Jünger hinweg.

Kurze Zeit später wurden die in Jerusalem versammelten Jünger, Männer und Frauen mit der Kraft des Heiligen Geistes erfüllt. Die Furcht, die sie bis dahin gelähmt hatte, wich von ihnen. Unerschrocken verkündigten sie von diesem Tag an das Evangelium von Jesus Christus. Die ersten Christen waren Juden. Aber Gott machte ihnen sehr bald deutlich, daß ihre Botschaft nicht nur für ihr eigenes Volk, sondern für alle Menschen bestimmt war.

Drei Dinge lassen sich daraus erkennen:

1. Die Jünger begegneten Jesus zunächst als dem Menschen Jesus von Nazareth. Aber sie erkannten, daß er der Sohn Gottes ist.

2. Sie begriffen, daß Jesus Christus am Kreuz stellvertretend für ihre Sünde und für die Schuld aller Menschen gestorben war, und daß seine Auferstehung für sie und für alle, die an ihn glaubten, das Leben bedeutet.

3. Ausgerüstet mit der Kraft des Heiligen Geistes verkündigten sie diese Frohe Botschaft ihren Landsleuten und in der ganzen damals bekannten Welt.

Und wurden . . . „Christen" genannt

Die erste Christenverfolgung führte zur Zerstreuung der Gemeinde in Jerusalem. Die „heimatvertriebenen" Christen reisten in verschiedene Länder. Sie kamen nach Nordafrika, auf die Insel Zypern und in den Libanon. Einige dieser Männer erreichten auf ihrer Wanderung auch das etwa 300 km nördlich von Damaskus gelegene Antiochien. Diese neben Rom und Alexandria bedeutendste Metropole des Römischen Reiches zählte damals etwa 200 000 Einwohner, darunter viele berühmte Philosophen und Mediziner mit ihren Schülern. Es gab eine umfangreiche Bibliothek, prunkvolle Theater und Sportstadien, Thermen und ein Amphitheater. Aber die Kunstschätze dieser Stadt bildeten nur die eine Seite. Ihre Tempel waren der Unmoral geweiht, jeder dritte ihrer vergnügungssüchtigen Einwohner war ein Sklave. Und gerade unter den Einwohnern dieser Stadt fanden sich Menschen, die an Jesus Christus glaubten und dafür die Freiheit und sogar das Leben einsetzten. Sie waren es, die als erste „Christen" genannt wurden.

Anfangs mag die Bezeichnung „Christen" oder „Christianer" ein Spottname gewesen sein. Aber wir dürfen annehmen, daß sich bald auch so etwas wie Anerkennung damit verband. „Christen" – das waren Leute, die ihr Leben diesem Christus geweiht hatten und mit ihm lebten (vgl. Apostelgeschichte, Kapitel 11, Vers 26).

Befreit . . .

Mit 16 Jahren wurde ich Seemann. Auf weiten Fahrten lernte ich die Welt kennen: Australien, Kanada, die Türkei, Syrien, den Libanon, Jordanien und den Irak. Zu jener Zeit verehrte ich Mohammed. Auf meiner letzten

Weltreise musterte ich in Japan ab. Zusammen mit sieben japanischen Studenten widmete ich mich dem Zen-Buddhismus. Ich betete im Tempel vor der Buddhastatue. Schließlich war ich besessen von der Idee der Gedankenübertragung; ich hörte fremde Stimmen. Man wies mich in eine Nervenklinik ein, und der deutsche Konsul sorgte dafür, daß ich nach Deutschland überführt wurde.

Zu Hause besuchte ich später die Veranstaltungen des CVJM. Ein Student nahm mich zu einer Freizeit der Studentenmission mit. Dort war immer wieder von Jesus die Rede. Ich meldete mich zu Wort und entgegnete, daß Mohammed, Buddha und Jesus die gleiche Bedeutung hätten. Auf jener Freizeit begegnete ich einer Gruppe körperbehinderter Kinder, die einen starken Eindruck auf mich machten. Sie waren fröhlich und sangen, obwohl sie an den Rollstuhl gebunden waren. Aus ihrem ganzen Verhalten sprach ein starkes Vertrauen zu Jesus Christus. Auf der Heimfahrt erklärte ich dem mich begleitenden Studenten, daß ich mein Leben ebenfalls Jesus überantworten möchte. Ich bekannte alle meine Sünde und Schuld und bat Jesus um Vergebung. Weitere seelsorgerliche Gespräche folgten. Bevollmächtigte Christen geboten den finsteren Mächten, die mich quälten, im Namen Jesu Einhalt.

Vor sechs Monaten konnte ich die Spritzen, die mir für den Rest meines Lebens verordnet waren, absetzen. Und vor kurzem konnte ich auch die Behandlung mit Tabletten einstellen.

So hat Jesus Christus mich nicht nur von meinen Sünden, sondern auch von meiner Krankheit befreit. N. N.

Kennzeichen echten Christseins

Wenn ein Mensch Christ wird, so geht dem immer Gottes Handeln voraus. Gott hat schon gehandelt: Jesus Christus ist bereits stellvertretend für Ihre und meine Sünde gestorben; das Erlösungswerk ist vollbracht. Aber Gottes Handeln mit dem Menschen geht weiter. Er spricht ihn an, gibt sich ihm zu erkennen, bietet ihm das Geschenk des Glaubens an.

Auch in Antiochien war Gott der Handelnde. Er brachte seine Leute in die Stadt, wo sie das Evangelium von Jesus Christus predigten. Sonst hätten die Einwohner von Antiochien gar nichts davon gewußt. Und „die Hand des Herrn" lag auf den Männern, die in Antiochien predigten. Gott selbst stand hinter seiner Botschaft. Weil Gott handelte, konnten die Menschen antworten. Gott redete durch die Apostel, und die Zuhörer glaubten ihrer Botschaft. Sie wußten, daß nicht irgendwelche Leute zu ihnen redeten, sondern Gott selbst, und daß das, was sie hörten, die Wahrheit ist. Daraus zogen sie die Schlußfolgerung und „kehrten um". Sie wendeten sich von ihren alten Lebensgewohnheiten ab und begannen ein neues Leben mit Christus. Sie begannen nicht nur ein neues Leben, sie blieben ihrem Herrn selbst in schweren Zeiten treu. – Dieses Buch zeigt anhand persönlicher Berichte, daß Christwerden damals und Christwerden heute sich nicht unterscheiden. Lebensformen, Sprache und Lebensstil haben sich geändert. Aber die Grundsätze, die für die ersten Christen galten, sind bis heute die gleichen geblieben.

Viele Menschen wurden „gläubig“

Was geschieht eigentlich, wenn ein Mensch sich entscheidet, an Jesus Christus zu glauben? Zunächst ist der Glaube ein Geschenk Gottes. Und Geschenke kann man sich nicht selbst machen, man muß sie in Empfang nehmen. Dazu ist nötig, daß der Schenkende mit dem Beschenkten in Verbindung kommt.

Gott hat dieses Geschenk des Glaubens nicht für einzelne oder für gewisse Gruppen bestimmt; sein Angebot gilt allen: „Gott will, daß alle Menschen errettet werden und zur Erkenntnis der Wahrheit kommen“ (1. Timotheus-Brief, Kapitel 2, Vers 4).

Der Glaube beginnt also mit dem Handeln Gottes. Aber dieses Handeln schließt den Menschen nicht aus, sondern es bezieht ihn ein. Wer glauben will, muß zunächst einmal nachdenken. Der Glaube steht nicht im Widerspruch zum Denken; aber er reicht über den Teil der Welt, den wir mit unserer Vernunft erfassen können, hinaus.

Gott hat mich erschaffen. Er erhält mich und alles Lebende durch sein Allmachtswort. Er hat seinen Sohn Jesus Christus auf diese Erde geschickt und an einem Kreuz hinrichten lassen, damit er an meiner Stelle die Strafe trägt, die ich verdient hätte. Wenn ich das bedenke, ist es nur vernünftig und logisch, daß ich von einem solchen Gott mehr wissen möchte. Ich lese in der Bibel nach, was er gesagt und getan hat. Ich informiere mich über Jesus Christus, über seine Worte und über seine

Taten. Dabei muß ich immer neu entscheiden, ob ich mich dieser Information weiter öffne oder verschließe. Und hier setzt bereits der Glaube ein. Wenn ich ihn weiter zu mir reden lasse, gestehe ich ihm zu, daß er dadurch mein Denken beeinflußt. Und es kommt der Augenblick, wo ich freiwillig vor ihn hintrete und ihn „Herr“ nenne. Ich übertrage ihm die Herrschaft über mein Leben. Ich sage zu ihm: „Gott, ich möchte, daß Dein Sohn Jesus Christus über mein Leben bestimmt, ich will mich seinem Willen unterordnen.“ In dem Moment, wo ich dies tue, beginne ich zu glauben. Nichts anderes haben damals die Menschen in Antiochien getan.

Eine gute Nachricht

Das Wort „Evangelium“ kommt aus dem Griechischen und bedeutet soviel wie „Gute Nachricht“ oder „Frohe Botschaft“. Ursprünglich wurde es allgemein für die Übermittlung guter Nachrichten verwendet. Im Christentum hat es sich immer stärker als Bezeichnung für die „Gute Nachricht“ durchgesetzt, daß Gott an Jesus Christus das Gerichtsurteil vollstreckt hat, das allen Menschen galt, und daß er durch seine Auferstehung allen, die an ihn glauben, neues Leben schenkt.

Nach Gottes Urteil haben alle Menschen seine Gebote und Lebensordnungen übertreten. Damit haben sie das

Ziel verfehlt, das Gott dem Menschen von der Schöpfung her gesteckt hat. In den Zehn Geboten, die er Moses auf dem Sinai übergab, hat Gott seine Weisungen für den Menschen schriftlich festgelegt. Der Mensch sollte nicht nur dunkel empfinden, daß er Gott gegenüber versagt hat; er soll wissen, wo sein Handeln im Gegensatz zu Gottes Willen steht und welche Verhaltensweise Gott von ihm erwartet. Nur wenn der Mensch diesen Anspruch Gottes anerkennt, gewinnt er einen verbindlichen Maßstab für sein Leben. Es wird offenbar, wo er falsch gehandelt hat und damit dem göttlichen Gerichtsurteil verfällt. Gerade darin aber liegt der erste Schritt zu seiner Rettung. Denn nur, wenn er sich als ein unter dem Todesurteil Gottes stehender Sünder erkennt, gewinnt Jesus Christus, der dieses Urteil an seiner Statt auf sich genommen hat, für ihn entscheidende Bedeutung. Seine Sache ist dann eben nicht hoffnungslos; denn Jesus Christus hat am Kreuz seine Schuld getragen, das Gerichtsurteil gegen ihn ist nicht aufgehoben, sondern durch Jesus Christus erfüllt. Wer an Jesus glaubt, ist von der Last seiner Sünde befreit. Er ist nicht verloren, sondern empfängt ewiges Leben: er erhält Zutritt in die Gemeinschaft mit Gott.

Der Name Jesus

„Jesus“ bedeutet deutsch soviel wie: „In dem Herrn ist Rettung.“ Gott hatte ausdrücklich bestimmt, daß sein Sohn diesen Namen tragen sollte, denn dieser Name kennzeichnet sein Lebenswerk: Er ist der große Erlöser, der allen Menschen Rettung anbietet. Die Erlösung des Menschen war das Ziel seiner Sendung. Deshalb ist er in diese Welt gekommen.

Der Name Jesus redet also auch von dem Hügel Golgatha, dem Hinrichtungsort Jesu. An jenem Kreuz trug er die Sünde aller Menschen aller Zeiten, die Sünde jedes einzelnen Menschen und damit auch Ihre Sünde. Als er ausrief: „Es ist vollbracht!“ hatte er für uns todgeweihte Sünder ein für alle Male und unwiederbringlich die Vergebung unserer Schuld perfekt gemacht.

Sie dürfen darauf vertrauen, daß Jesus Christus das auch für Sie getan hat. Ihre Sünde ist an jenem Kreuz vor 2000 Jahren getilgt worden. Gott selbst hat es für Sie getan. Sie brauchen dieses Geschenk nur im Glauben anzunehmen und zu sagen: „Ich danke Dir, Herr Jesus, daß Du das auch für mich getan hast.“ So wurden die Menschen in Antiochien Christen. So können Sie heute Christ werden: ein Mensch, der auf das vollbrachte Erlösungswerk seines Herrn vertraut. Der diesem auferstandenen lebendigen Herrn sein Leben öffnet und ihn darüber verfügen läßt. Die ersten Christen sagten nicht „Herr Jesus“ wie wir „Herr Maier“ sagen; sie nannten ihn „Jesus Christus Kyrios“, und das heißt „Herrscher“!

Wer sein Leben im Glauben Jesus Christus öffnet, der steht mit den großen und kleinen Dingen seines Alltags unter der Herrschaft Gottes. Er lernt ihm vertrauen. Und er erfährt, wie dieser Gott sein Leben umkrempelt und verändert. Und er begreift, daß diese Gemeinschaft das Größte ist, was das Leben für ihn bereithält.

Die Bewährungsprobe

Wenn mich als Kind jemand nach dem Hirtenjungen David oder Daniel in der Löwengrube fragte, konnte ich ihm die betreffenden biblischen Geschichten auswendig hersagen, so vertraut waren sie mir. Meine Eltern erzählten uns diese Berichte gern und unermüdlich. Sie wollten uns die Bibel so lebendig wie möglich nahebringen, und das ist ihnen auch gelungen.

Als ich 6 oder 7 Jahre alt war, habe ich mein Leben Jesus Christus anvertraut. Ich bat ihn, mir meine Schuld zu vergeben und in mein Leben zu kommen. Damals hätte ich vor Freude zerspringen können. Ich wußte einfach: jetzt gehörst du Jesus.

Während der Schulzeit begann ich dann, über diese Dinge nachzudenken und sie zu überprüfen. Und als Teenager fragte ich mich, ob mein „kindlicher Glaube" an Jesus

Christus denn wirklich Bestand und ein sicheres Fundament hätte. Die unterschiedlichsten Ansichten über den Glauben stürmten auf mich ein. Die meisten Auffassungen waren kritisch. Und so geriet auch mein Glaube bald ins Wanken. Wer sollte mir denn beweisen, daß Jesus Christus tatsächlich Gottes Sohn war? Und woher wollte ich wissen, daß ich recht hatte, wenn ich die Bibel für Gottes Wort hielt?

So kam eine Frage zur anderen. Ich wurde immer unsicherer, tappte im dunkeln. Mit einem Mal war der Gott, den ich so nahe wähnte, mir ferngerückt. Ich sprach das zwar nicht aus – aber ich stellte jetzt vieles in Frage, und das zermürbte mich.

Eines allerdings gab ich während dieser ganzen Zeit nicht auf: Ich las weiter in der Bibel. Ich suchte nach Antworten auf meine Zweifel. Und oft legte ich das Buch enttäuscht beiseite. Trotzdem griff ich immer wieder danach. Und eines Tages fand ich bei Johannes, was ich so lange gesucht hatte. Ich stieß auf den Satz: „Will jemand meinen Willen tun, so wird er erkennen, ob diese Lehre aus Gott ist, oder ob ich aus mir selbst rede" (Johannes, Kapitel 7, Vers 17). „Will jemand meinen Willen tun . . ." Wollte ich Gottes Willen tun? Die Antwort hieß „ja". Ich wollte die Geborgenheit meines Glaubens zurückgewinnen. Wenn das so war, mußte mir auch der zweite Teil des Satzes gelten: „So wird er erkennen, ob diese Lehre aus Gott ist." – Sollte das die Antwort auf meine Frage sein?

Was hatte ich denn bisher getan? Ich hatte gegrübelt, bis zum Geht-nicht-mehr über alle möglichen Ansichten und Meinungen nachgedacht. Das war eine aufreibende

Sache gewesen. Allmählich begann mir zu dämmern, daß mir alles Grübeln und Fachsimpeln nichts nützen konnte, wenn ich „Gottes Willen nicht tat“. Gottes Willen „tun“ – das bedeutet Aktivität. Meine passive Einstellung, das sture Herumhocken brachte mich nicht weiter. Ich mußte „tun“, was Gott von mir wollte.

Mit dieser neuen Einstellung begann ich nun die Bibel zu lesen. Ich befragte jeden Text darauf, welche konkreten Anweisungen mir dadurch Gott für mein Leben geben wollte. Und ich war erstaunt, wie viele ich fand. Es stand sehr klar und eindeutig in der Bibel, was Gott von mir wollte. Und ich fing ganz von vorne an. Ich versuchte, danach zu leben. Ich übergab Jesus Christus mein Leben neu. Ich bat ihn um Vergebung und dankte ihm für seinen Tod auf Golgatha. Und ich bat ihn immer neu, mir zu helfen, damit ich auch tun konnte, was ich als seinen Willen erkannt hatte.

Eines habe ich dabei gelernt: Ein Leben nach dem Willen Gottes ist ein erfülltes Leben. Es mag manchmal gut, manchmal weniger gut gelingen. Aber wenn etwas danebengegangen ist, darf ich zu ihm zurückkommen. Und es gibt für mich nichts Schöneres als zu wissen: Ich bin da, wo Gott mich haben will. *Marlis Kram*

Die große Kehrtwendung

Diese persönlichen Berichte aus unseren Tagen zeigen uns beispielhaft, wie heute Menschen Christen werden. Die Lebensumstände des einzelnen sind nicht entscheidend. Auch unsere Gefühle sind dabei nicht mehr als eine Begleiterscheinung. Gefühle und Empfindungen eines Menschen werden ja weitgehend von seinem Temperament bestimmt. Und so wichtig das für ihn sein mag, an dieser Stelle spielt es eine untergeordnete Rolle. Hier geht es um einen göttlichen Grundsatz, und der besteht darin, daß ein Mensch sich von seinem alten Lebenswandel ab- und Gott zuwendet, daß er sein Leben für Gott öffnet und es ihm anvertraut. Ob er das mit viel, wenig oder ohne Gefühl tut, ist letztlich unwichtig. „Aber ohne Glauben ist es unmöglich, Gott zu gefallen" (Hebräer-Brief, Kapitel 11, Vers 6).

Das zweite Kennzeichen der Christen in Antiochien bestand darin, „daß sie sich zum Herrn bekehrten". Das erste christliche Glaubensbekenntnis hieß: „Jesus Christus der Herr." Wer das im Glauben von sich sagen kann, der hat Jesus Christus die Herrschaft über sein Leben übertragen. Und das ist die entscheidende Erfahrung bei der Bekehrung: Ich ordne mein Leben, das ich bisher nach meinen eigenen Wünschen und Vorstellungen geführt habe, jetzt bewußt dem Willen meines Herrn Jesus Christus unter. Was bisher galt, zählt jetzt nicht mehr. Ich habe eine Kehrtwendung von mir weg und zu Jesus Christus hin vollzogen: das gilt für mein Denken, Reden und Handeln. Es wirkt sich in allen Bereichen meines

Lebens aus und stellt damit die Echtheit der Bekehrung unter Beweis.

Aber diese sichtbaren Zeichen der Veränderung – oft bemerken sie die anderen viel eher als ich selbst, und das ist gut so – sind lediglich eine Folge des Herrschaftswechsels, der sich in mir vollzogen hat. Der Apostel Paulus drückt das mit den Worten aus: „Ich lebe; doch nun nicht mehr ich, sondern Christus lebt in mir" (Galater-Brief, Kapitel 2, Vers 20). Und in dem gleichen Brief an die Gemeinde in Galatien schreibt er: „Welche aber Christus Jesus angehören, die haben ihr Fleisch gekreuzigt samt den Lüsten und Begierden" (Galater-Brief, Kapitel 5, Vers 24). Die Bibel bezeichnet mit „Fleisch" das alte, Gott widerstrebende Wesen des Menschen, das seinem eigenen Verlangen folgt. Aber dieses Leben ist mit Christus gekreuzigt. Er hat es für mich aus der Welt geschafft. Das darf ich im Glauben für mich in Anspruch nehmen und mich ganz meinem neuen Herrn zuwenden, um seinen Willen zu tun.

Selbst die Kühe konnten's merken

Es ist nun fast zwei Jahre her, daß sich meine Frau und ich während einer Evangelisation in Wettingen für Jesus entschieden haben. Damals haben wir die große Schuld unseres Lebens erkannt, und Jesus hat sie uns abgenommen. Jetzt sind wir frohe und freie Leute. Eine wunderbare Gemeinschaft verbindet uns.

Das heißt nicht, daß alles glatt und einfach ging. So hatte ich einen schweren Kampf durchzufechten, bis ich mich in meiner Familie zur Einführung des Tischgebets entschließen konnte. Unser ältester Bub gab dazu den Anstoß. Als die Mutter ihn eines Abends zu Bett brachte, protestierte er, als er sein Nachtgebet sprechen sollte. Begründung: „Ja, ja, ich soll immer beten, und der Vater betet nie!" Ein halbes Jahr vorher hätte er völlig recht gehabt, jetzt konnte die Mutter ihm sagen, daß sein Vater nicht nur abends, sondern auch am Morgen bete. Daraufhin wagte ich das erste Tischgebet, und habe es auch beibehalten, wenn wir Gäste hatten. Ab und zu löst unser ältester Bub mich freiwillig ab, indem er erklärt: „Heute bete ich."

Es war im vorletzten Herbst. Ich war damit beschäftigt, die Kühe zu melken, und meine Frau ging kontrollierend durch den Stall. Plötzlich fragte sie: „Wo ist denn eigentlich der Stock, den Du immer hier stehen hattest? Ich glaube, ich habe ihn schon den ganzen Sommer über nicht mehr gesehen." Verwundert sah ich sie an, dann mußte ich ihr recht geben. Der Stock war für die Kühe

bestimmt gewesen. Früher war ich damit oft gar nicht ausgekommen, dann hatte auch noch der Melkschemel herhalten müssen. Nun war ein ganzer Sommer vergangen; ich hatte ihn nicht benutzt und hatte das nicht einmal bemerkt. Dann müssen aber selbst die Kühe gespürt haben, daß in meinem Leben etwas anders geworden ist.

In den letzten Tagen haben wir erneut festgestellt, daß wir uns in unserer Ehe immer näherkommen. In den Jahren davor hatten wir uns weit auseinandergelebt. Jetzt sprechen wir uns sofort aus, wenn der Haussegen schiefhängt. Die Anweisung des Petrus: „Lebt so zusammen, daß ihr jederzeit gemeinsam beten könnt" (1. Petrus-Brief, Kapitel 3, Vers 7) habe ich in meiner Bibel dick unterstrichen. *M.*

Abkehr von den Götzen

Seit der Zeit, als das Neue Testament abgefaßt wurde, haben sich die Lebensverhältnisse grundlegend gewandelt; aber der Mensch selbst ist letztlich der gleiche geblieben. Weil das so ist, hat sich im Prinzip auch an seiner Umkehr zu Gott und an den äußeren Kennzeichen dieser Entscheidung nichts Wesentliches geändert. Paulus schrieb damals an die Christen in Thessaloniki: „Ihr habt euch von den Götzen zu Gott bekehrt, um dem lebendigen und wahren Gott zu dienen“ (1. Thessalonicher-Brief, Kapitel 1, Vers 9).

Die Bibel zeigt den Menschen, wie er wirklich ist: ein Wesen, das sich aufgrund seiner eigenwilligen Art immer wieder falschen Göttern zuwendet. Er schmiedet oder gießt sich seine Götzen aus Metall, er schnitzt sie aus Holz und erwartet dann von diesen Bildern Hilfe. So war es vor 2000 Jahren, und so ist es bis auf den heutigen Tag geblieben. Götzendienst ist das Kennzeichen des von Gott abgefallenen Menschen. Fetische und Talismane sind keineswegs nur in Afrika oder Asien zu Hause. Heute morgen noch erhielt ich eine Werbesendung mit der Post, in der ein Buch über „Die positive Lebenskraft des Magnetismus“ und „Das große Buch der Wahrheit“ angeboten werden. In dem Prospekt bestätigen Menschen, daß sie durch das Tragen eines bestimmten Magneten „das Glück gepachtet haben“, daß der Ärger „wie weggeblasen“ sei, daß ihnen „alles gelingt“. Wer diese kleinen kreuzähnlichen Gebilde um den Hals hängt, bekommt Reichtum, Macht und sexuellen Erfolg garantiert. Das ist geschäftsmäßig betriebener Aberglaube, Okkultismus. Und der Mensch, der nichts besseres kennt, fällt darauf herein und sucht bei irgendwelchen unklaren, dunklen Kräften Hilfe und Zuflucht. Das ist durchaus keine harmlose Spielerei. Gott hat dem Menschen nachdrücklich verboten, sein Vertrauen auf Gegenstände, Zahlen und dunkle Kräfte zu setzen; wer das tut, begibt sich in den Machtbereich des Teufels. Schon im Alten Testament hat Gott nachdrücklich klargemacht, daß den Menschen, der solches tut, der ganze Zorn Gottes trifft. Bekehrung ist deshalb zugleich eine konsequente Abwendung von Götzen, Talismanen, Glückszahlen, Amuletts, dem Horoskop und ähnlichen

okkulten Gegenständen. Wer sich Jesus Christus zuwendet, wird vom Aberglauben frei: er dient nicht Götzen – sondern dem lebendigen Gott.

Unter den Einwohnern von Ephesus, die sich gleichfalls mit dunklen Praktiken beschäftigt hatten, schlug die Predigt des Paulus wie eine Bombe ein. Von den Menschen, die Christen geworden waren, heißt es: „Sie bekannten und verkündeten, was sie getrieben hatten. Viele aber, die da Zauberei getrieben hatten, brachten die Bücher zusammen und verbrannten sie öffentlich" (Apostelgeschichte, Kapitel 19, Verse 18 + 19).

Yoga: Eine Öffnung für fremde Mächte

Seit 25 Jahren halte ich nun Evangelisationsvorträge in vielen Städten. Eines Tages saß mir ein Ehepaar gegenüber, das sich am Abend zuvor entschieden hatte, Jesus Christus nachzufolgen. Nun legten sie Prospektmaterial über Yoga und Bewußtseinserweiterung auf den Tisch und fragten mich wie so viele: „Was halten Sie davon?"

Nun ist es überaus schwer, einem Menschen zu helfen, der an Yoga glaubt und von der Richtigkeit dieser Praxis überzeugt ist. Ich sagte deshalb: „Yoga ist eine Methode. Es geht dabei nicht nur um eine sportliche Übung, etwa um bessere Atemtechnik, Bewegungs- oder

Lebensmethodik. Deshalb muß ich fragen: ‚Wo kommt die Sache her, und was soll damit erreicht werden, was ist das Ziel?'" Die beiden sahen sich an und nickten. Das war ihnen bereits aufgegangen; denn Yoga entspringt heidnischem Denken, dem geheimnisvollen Bereich dunkler Mächte, wie wir sie in den fernöstlichen Religionen finden.

Ich fragte weiter: „Was verstehen Sie denn unter Bewußtseinserweiterung?"

„Nun, jeder Mensch hat eine Intuition, er wird sie durch Yoga finden und ihr Raum geben."

Damit konnte ich mich nicht zufriedengeben. Ich fragte: „Was verstehen Sie unter Intuition?"

„Das ist etwas, was ich weder machen noch beeinflussen kann; ich bekomme es nicht in den Griff."

„Es ist also etwas", sagte ich, „was weder machbar noch greifbar ist. Es unterliegt nicht Ihrem Einfluß. Aber wenn Sie sich einer Sache öffnen, die Sie nicht klar beschreiben können, von der Sie nicht wissen, was sie letztlich ist, dann öffnen Sie sich damit einer Ihnen unbekannten Macht, die von Ihnen Besitz ergreifen möchte. Damit öffnen Sie sich – zumindest in der Höchstform des Yoga – okkulten und dämonischen Mächten. Es ist nicht Gott, wie Sie annehmen, dem Sie sich dabei anvertrauen. Wer sich Gott öffnen will, ordnet sich dem Willen Gottes unter; und der wird ihm in der Bibel klar und eindeutig gezeigt. Glaubensgehorsam hat nichts mit der Öffnung gegenüber einer dunklen nebulösen Macht zu tun. Der Gehorsam des Glaubens äußert sich im Sündenbekenntnis, in der Umkehr von alten menschlichen Wegen und im Vertrauen in die Person Jesu Christi."

Wenn ein Mensch sich für Christus entscheidet, versucht der Teufel, es ihm schwerzumachen, die Brücken nach hinten abzubrechen. Aber Jesus Christus gibt uns die Kraft, aus unserem Leben zu verbannen, was uns hindert, unser Vertrauen allein auf ihn zu setzen. Jenes Ehepaar hat am Tag darauf alle Verbindungen zum Umgang mit Yoga abgebrochen.

Bei Hamburger Zigeunern: Die Nacht, als der Deich brach

Früher hatte hier die alte Elbfähre aus Neuland angelegt; jetzt standen auf dem Platz in Hamburg-Wilhelmsburg die Wohnwagen einer großen Zigeunerfamilie. Das Gelände lag tief, und an regnerischen Tagen hatten die Mütter alle Hände voll zu tun, ihre Kinder einigermaßen sauberzuhalten. Vor den Wagen und in den engen „Wohnräumen" ging es immer lebhaft zu, wenn die „Cintis", wie die Zigeuner in ihrer Muttersprache heißen, ihre Erlebnisse austauschten: vom Handel an den Haustüren, von der Wahrsagerei, von ihren Auftritten als berühmte Zigeunerkapelle. Sie hatten viel zu erzählen.

Dann kam die Nacht vom 16./17. Februar 1962. Das Deutsche Hydrographische Institut meldete eine Sturmflut, die den mittleren Hochwasserstand um 4 Meter übersteigen sollte. Die Deichverbände ordneten Alarmstufe III an, die Hilfsorganisationen lagen in Bereitschaft. Kurz nach Mitternacht überflutete das Wasser in breiten Wogen die Deiche, wühlte sich in das Erdreich der rückwärtigen Böschung und riß Gras und Boden mit sich fort. Die Stromversorgung brach zusammen, in Finkenwerder, Wilhelmsburg, Moorfleth und Moorburg wurden Häuser überflutet.

Unter den Zigeunern brach Panik aus. Der Sturm rüttelte und zerrte an ihren Wagen. Sie riefen die Polizei an und erhielten die Anweisung, sich mit ihren wenigen Autos auf schnellstem Weg in eine Schule zurückzuziehen. Der letzte Wagen fuhr bereits durch das überall vordringende Wasser.

Nun saßen sie, von den Fluten umgeben, in dem Schulgebäude fest: 50 Erwachsene mit ihren Kindern, darunter neun Säuglinge. Einer der Erwachsenen berichtet: „Wir alle fürchteten uns, die Kinder schrien vor Angst. Das Wasser stieg immer höher. Treppe um Treppe bewegten wir uns nach oben, aber das Wasser kam uns nach. Es war kalt. Wir hatten kein Licht, kein Wasser und nichts zu essen. Kinder und Frauen weinten. Am schlimmsten war es für die Säuglinge. Zwei Nächte und zwei Tage waren wir in der Schule eingesperrt.

In dieser Verzweiflung, ohne Aussicht auf Hilfe, rief meine Frau plötzlich mitten in das Durcheinander, Schreien und Klagen hinein: „Betet doch, betet doch zu unserem Herrn Jesus Christus!"

Da dachten wir zurück an unseren alten Wohnwagenplatz. Dort standen auch ein ausgedienter Omnibus und eine Baracke mit einem Kreuz darauf. Schwester Gertrud von der Südosteuropamission hatte uns oft besucht. Zuerst hatten wir sie vom Platz gejagt, aber dann hatte sie den Frauen bei der Wäsche geholfen und den Kindern Geschichten von Jesus erzählt. Wir hatten gedacht, den Kindern könne das nicht schaden, aber im Grunde haben wir nur darüber gelacht. Bloß hin und wieder ging eine Frau mit in die Kinderstunde. Aber dann setzte sich die Schwester auch mit den Frauen zusammen, und manchmal stand ein Mann vor der Baracke und hörte von draußen zu.

Zwar hing fast in jedem unserer Wohnwagen ein Kruzifix oder Marienbild, aber im Grunde glaubten wir, wie viele Zigeuner, nur an die Schwarze Magie. Immer wieder kamen Leute ins Lager, die sich die Zukunft deuten lassen wollten. Und auch, wenn wir an den Haustüren unsere Waren verkauften, sagten wir die Zukunft voraus; es gehörte einfach zu unserem Geschäft.

Jetzt aber in unserer Angst und Verzweiflung, dachten wir an das, was wir von diesem Jesus gehört hatten. Wir alle kannten die Lieder der Kinder fast auswendig. Und als das Wasser immer höher stieg, begannen wir, Gott anzurufen. Wir beteten und flehten ihn um Hilfe an. Und er hat uns erhört. Die Männer eines vorüberfahrenden Motorbootes entdeckten unsere Blinkzeichen, und bald darauf erhielten wir Hilfe. – Die Missionarin hatte ihre Zigeuner gesucht. Jetzt wurden sie mit Booten zu ihrem alten Lagerplatz zurückgebracht. Die Wagen waren noch erhalten; das Wasser hatte sie nicht weggespült. In allen Familien wurde gebetet und Gott für die Errettung ge-

dankt. Aber das war nicht alles.

Der Bürgermeister der Sippe erzählte mir später: „Gott konnte jetzt anfangen, mit uns zu reden. In den folgenden Tagen brachte einer nach dem anderen sein Leben mit Gott in Ordnung. Wir haben unsere Sünde und Schuld dem Herrn bekannt und Vergebung empfangen. Mit jeder Art von unehrlichem Handel haben wir Schluß gemacht. Schlagringe und Pistolen haben wir von der Elbbrücke aus ins Wasser geworfen. In unserer Mitte gibt es keine Wahrsagerei mehr, und wenn wir heute an den Türen unsere Waren verkaufen, so tun wir es, ohne zu betrügen."

Ich bin bei dieser Zigeunergemeinde oft zu Gast gewesen, habe in ihrer Hütte „Geborgenheit" gepredigt. Ich habe sie in ihren kleinen Häusern, die sie inzwischen erhalten haben, besucht, mit ihnen gegessen und viele Gespräche geführt. Zwei Sätze sind mir in Erinnerung geblieben. Den einen sprechen sie freudig aus; sie sagen: „Du kennst doch den und den, der geht jetzt auch mit Jesus!" Und der andere Satz, in dem oft tiefe Trauer mitschwingt, lautet: „Jener geht jetzt nicht mehr mit Jesus!"

Auch Christen können rückfällig werden. Die Zigeuner drücken in ihrer Sprache Treue gegenüber Gott nicht nur in dem uns vertrauten Begriff „an Jesus glauben" aus. Sie sagen: „Mit Jesus gehen", das bedeutet: unterwegs beieinander bleiben. *A.*

Da hat es bei mir eingeschlagen

Meine Vorfahren stammen von den Masurischen Seen in Ostpreußen, aufgewachsen bin ich in Berlin. Meine Eltern wollten von der Bibel nichts wissen, sie hielten das alles für Torheit. Mein Leben unterschied sich wenig von dem anderer junger Menschen im Deutschland jener Jahre: Wir tollten mit Gleichgesinnten umher und schlugen die Trommel. Mit sechzehneinhalb Jahren wurde ich Soldat. Über Gott hatte ich bis dahin kaum nachgedacht.

Während des Krieges wurde ich mehrmals verwundet, das letzte Mal so schwer, daß ich erst in der Gefangenschaft das Bewußtsein wiedererlangte. Nach monatelangem Lazarettaufenthalt wurde ich als Kriegsgefangener nach Amerika gebracht. Im Lager in den USA bemühte sich ein Baptistenprediger, uns das Wort der Bibel nahezubringen. Aber wir hatten nur ein spöttisches Grinsen für ihn übrig. An einem Sonntagmorgen saßen wir wieder im Kirchenzelt. Der Prediger sprach über das Bibelwort: „Ist jemand in Christus, so ist er eine neue Kreatur; das Alte ist vergangen, siehe, es ist alles neu geworden."

Ich wollte nichts Frommes mehr hören und stand auf, um das Zelt zu verlassen. Aber die Wache zwang mich, mich wieder hinzusetzen. Schließlich war ich Kriegsgefangener und hatte zu gehorchen. Was der Prediger sagte, war nicht viel mehr als Geräusch in meinen Ohren.

Jahre später kehrte ich nach Deutschland zurück und

suchte meine Angehörigen. Ich hatte eine Mutter, und ich wollte sie wiedersehen. Ich wandte mich an das Rote Kreuz und verschiedene andere Organisationen. Die Auskunft war deprimierend: Von den 48 Gliedern unserer Familie waren nur noch zwei zu ermitteln: meine Schwester und ich. Von meiner Schwester wußte man nur, daß sie im Ostsektor von Berlin wohnte, von meinen Eltern fehlte jede Nachricht. Nun war ich nach Jahren in die Heimat zurückgekehrt, und ich suchte meine Mutter, ich wollte nach Hause. Aber ein Zuhause gab es nicht. Da wurde ich, was viele damals wurden: ein Landstreicher.

Eines Tages jedoch begegnete mir das Bibelwort wieder, das mich im sonntäglichen Zelt des amerikanischen Gefangenenlagers so geärgert hatte. Es war in einer westdeutschen Stadt. Eine Musikgruppe der Heilsarmee spielte auf offener Straße. Eine Frau mit einem Buch stand in dem offenen Kreis und las laut vor: „Ist jemand in Christus, so ist er eine neue Kreatur; das Alte ist vergangen, siehe, es ist alles neu geworden" (2. Korinther-Brief, Kapitel 5, Vers 17). Da rannte ich davon.

Mit mir ging es weiter bergab. Ich kam mit dem Gesetz in Konflikt und hatte die Folgen zu tragen. An einem Ostermontag war ich dann so verzweifelt, daß ich mit meinem Leben Schluß machen wollte. Am Abend kam ich an einer Schule vorbei; neben der Eingangstür hing ein großes Plakat, auf dem die Worte standen: „Jesus sucht dich, Jesus liebt dich, Jesus hilft dir." In der Aula fand eine evangelistische Veranstaltung statt. Am Rednerpult stand damals ein noch sehr junger Evangelist namens Anton Schulte. An der Rückwand des Raumes leuchtete in großen Buchstaben der Name JESUS.

Eine negative Stimme in mir sagte: „Geh weiter und mach Schluß. Jesus ist tot und kann dir nicht helfen. Den haben sie vor 2000 Jahren auch umgebracht." Aber es war noch eine andere, positive Stimme da, und die mahnte immer wieder: „Komm!"

Ich war verzweifelt, schmutzig und unrasiert; meine Kleider und meine Schuhe waren verschlissen. Ich selbst war verzweifelt, voll Haß gegen Gott und Menschen. Aber ich weiß, daß es Gottes Stimme war, die damals um mich warb.

Der junge Evangelist forderte seine Zuhörer auf, sich für Jesus Christus zu entscheiden. Und im Schlußgebet bat er: „Herr, rette doch heute abend einen Menschen." Dieser eine Mensch war ich. Als der Chor sang: „Du starbst für mich, drum komme ich, ich komme wie ich bin", brach ich innerlich zusammen. Ich stand auf und ging durch die Menschenreihen nach vorn. Ich kam zu Jesus, so wie ich war. Ich sprach mit dem Evangelisten, und der forderte mich auf, zu beten. Zum erstenmal in meinem Leben beugte ich bewußt meine Knie vor dem lebendigen Gott. Ich habe es nie bereut. Dann schlug der Evangelist seine Bibel auf und las: „Ist jemand in Christus, so ist er eine neue Kreatur; das Alte ist vergangen, siehe, es ist alles neu geworden." Jesus Christus hat dieses Wort in meinem Leben wahr gemacht. Er hat mein Leben verändert und seinen Frieden und seine Freude hineingelegt.

Gerhard Zornow

(Dieser junge Mann besuchte später eine Bibelschule; er arbeitete als Missionar in Spanien und Südamerika. Heute leitet er eine Bibelschule für Indianer, die er selbst aufgebaut hat.)

Barnabas – ein Mann des Trostes

Christ werde ich, indem ich mich für Jesus Christus öffne, seinem Wort und seinem Erlösungswerk vertraue. Indem ich das tue, „glaube“ ich. Zum Glauben tritt die „Bekehrung“: Ich wende mich von der Sünde ab und Jesus Christus zu. Und in dem Ausmaß, indem ich mein Leben auf Jesus Christus ausrichte, wird es mir gelingen, der Sünde den Rücken zuzukehren. Diese intensive Hinwendung zu Jesus Christus kommt einem „Festhalten“ gleich. Hier ist unsere Treue gefordert. Und das Wunder geschieht: Wir, die Untreuen, dürfen treu sein, weil Gott uns in Jesus Christus die Treue hält.

Den Leuten, die in Antiochien Christen geworden waren, wurde ein Mann geschickt, der ihnen bei dem großen Umwandlungsprozeß ihres Lebens helfen sollte. Dieser Mann hieß Barnabas. Sein Name bedeutet deutsch soviel wie „Sohn des Trostes“. Ein guter Name für einen Mann, der anderen bei den ersten Schritten in ihrem Glaubensleben behilflich sein soll. Kein Kommandeur oder Alleswisser, sondern ein Mann, der Mut zuspricht und aufhilft, wenn es nicht so recht weitergehen will.

Es heißt von Barnabas, daß er ein Mann des Glaubens und voll Heiligen Geistes war. Er besaß Erfahrung und war bewährt. Einen solchen Menschen, der ihnen half, in der neuen Richtung vorwärtszugehen, brauchten die jungen Christen in Antiochien. Die Bekehrung ist ja kein Schlußpunkt einer geistlichen Entwicklung, sondern der

Beginn des eigentlichen geistlichen Lebens. Jeder Mensch, der im Glauben an Jesus Christus ein neues Leben beginnt, braucht die Gemeinschaft, das Zusammenleben und den Austausch mit anderen Christen. Zumindest aber braucht er einen bewährten und im Glauben erfahrenen Menschen, der ihm auf dem neuen Weg ein Stück weit das Geleit geben kann.

In Antiochien blieben die jungen Christen nicht für sich. Sie kamen in einer christlichen Gemeinde zusammen und hatten einen bewährten Mann neben sich, der ihnen half, die ersten Schwierigkeiten im Glaubensleben zu überwinden. Nach dem Bericht der Bibel führte das dazu, daß noch viele andere Menschen an Jesus Christus glaubten. Gott gewann „ein großes Volk“ in dieser Stadt.

Von Jesus an die Arbeit gestellt

Es ist nun mehr als 20 Jahre her, daß ich mein Leben Jesus überantwortet habe. Damals beeindruckte mich in einer Evangelisation der Bericht von jenem reichen jungen Mann, der Jesus mit dem Wunsch gegenübertrat, ihm nachzufolgen. Aber er war nicht bereit, die letzte Konsequenz zu ziehen und ging traurig davon. – Jesus nachzufolgen, das war auch mein Wunsch. Würde auch ich mich traurig davonschleichen müssen, weil ich nicht bereit war, ganze Sache zu machen?

In der Stille betete ich: „Herr Jesus, ich habe Deinen Ruf gehört. Ich will Dir nachfolgen. Ich vertraue Dir." Große Freude erfüllte mich. Einige Tage später sprach ich mit einem erfahrenen Christen. Dabei wurde mir die Vergebung aller meiner Sünden gewiß. Jetzt wußte ich um das Geschenk des neuen Lebens unter der Führung Jesu. Am letzten Abend der Evangelisation wurden alle, die in dieser Woche ihr Leben mit Jesus in Ordnung gebracht hatten, aufgefordert, nach vorn zu kommen. Ich wußte, daß damit auch ich gemeint war. Sollte ich mich daran vorbeidrücken? Schließlich kannte man mich in der Stadt, und ich stand im öffentlichen Leben. Als dazu aufgerufen wurde, ging ich mit nach vorn. Ich hörte den Segensspruch ganz für mich persönlich. Und die Erinnerung an dieses erste Bekenntnis hat mir in der Folgezeit geholfen, meinen Herrn nicht zu verleugnen. In meiner Freude begann ich, mit allen Leuten über meinen Glauben zu reden. In typisch menschlichem Eifer versuchte ich, andere zu überzeugen. Allmählich begriff ich,

daß ich andere nicht bedrängen durfte. Ich begann zu lernen, mit Jesus über die Menschen zu sprechen, bevor ich mit den Menschen über Jesus sprach. – Durch die Teilnahme an Konferenzen und Freizeiten wurde mein Glaube gestärkt. Ich lernte Gott besser kennen. Beim täglichen Bibellesen erlebte ich, wie Gott einem Menschen ganz konkret Wege und Aufgaben zeigt. An die Arbeit gestellt wurde ich zunächst in meinem eigenen Betrieb. Und zwar war es eine sehr schlichte Aufgabe, die mir zufiel. Ich ging regelmäßig von Mitarbeiter zu Mitarbeiter und überreichte jedem ein christliches Verteilblatt. Ich hatte die gute Nachricht wie ein Sämann auszustreuen. Ob sie aufging, war nicht meine, sondern Gottes Sache.

Mit der Zeit weitete sich der Kreis derer, denen ich die Gute Botschaft weitergeben konnte. Wir trafen uns in einem Hauskreis, in dem wir anhand der Bibel Antwort auf unsere Fragen suchten. Und mancher fand dabei die entscheidende Antwort.

Eine weitere Aufgabe fiel mir zu: Da betete ein Missionsehepaar, das sich für die Ausreise nach Thailand rüstete, um die Bestätigung ihres Weges durch eine Zusage zu ihrer Versorgung. Mich bewegte zur gleichen Zeit die Frage: Wie kann ich Missionsdienst tun? Unser Zusammengeführtwerden war der Beginn meines Einsatzes. In diesem Dienst stehe ich freudig und darf an der weltweiten Missionsarbeit teilhaben.

Mein Leben in der Nachfolge Jesu ist ein reiches und erfülltes Leben. Immer größer wird mir das Erlösungswerk von Golgatha. Er starb für mich. Durch ihn bin ich Gottes Kind, trotz meiner alten Art, die ich in der Kraft Jesu täglich überwinden muß. *Helene W.*

Haben Sie hieran Interesse?

Es ist jetzt fast 2000 Jahre her, daß Einwohner von Antiochien an Jesus Christus zu glauben begannen und als erste „Christen“ genannt wurden. Aber seitdem haben zu allen Zeiten, bis in unsere Tage hinein, Menschen die gleiche Erfahrung gemacht. Vielleicht möchten auch Sie Ihr Leben für Jesus Christus öffnen.

Dann ist der folgende Brief auch für Sie geschrieben:

Hallo, Hans,
ich habe Dir versprochen, Dir einen Brief zu schreiben, der Dir bei Deiner persönlichen Entscheidung, Christ zu werden, helfen kann. Hier ist er:

1. Zunächst mache Dir eines klar: Vor Gott ist jeder Mensch ein Sünder.

„Sie sind alle Sünder und mangeln des Ruhms, den sie bei Gott haben sollten“ (Römer-Brief, Kapitel 3, Vers 23). Gib Gott recht in seinem Urteil über Dein Leben. Gib zu, daß Du Gottes Gebote übertreten hast und durch Dein Verhalten vor Gott und Menschen schuldig geworden bist. Bekenne die Schuld Deines Lebens, allein oder in Gemeinschaft eines anderen Christen, vor Gott.

2. Wende Dich von der Sünde ab.

„Wer seine Sünde bekennt und läßt, der wird Barmherzigkeit empfangen“ (Sprüche, Kapitel 28, Vers 13). In

Deiner eigenen Kraft könntest Du die Sünde niemals lassen, aber Jesus Christus gibt Dir die Kraft dazu. Petrus fordert die Menschen im Tempel von Jerusalem auf: „So tut Buße und bekehrt euch, daß eure Sünden getilgt werden" (Apostelgeschichte, Kapitel 3, Vers 19). Buße und Bekehrung gehören zusammen. Buße bezeichnet stärker das Sich-Abwenden von der Sünde, Bekehrung dagegen die Hinwendung zu Jesus Christus.

3. Übergib Dein Leben rückhaltlos Jesus Christus.

Jesus hat versprochen: „Wer zu mir kommt, den werde ich nicht hinausstoßen" (Johannes, Kapitel 6, Vers 37). Nimm diese Zusage ganz persönlich. Sage Jesus mit Deinen eigenen Worten, daß Du ihn in Dein Leben aufnimmst und Dich unter seine Herrschaft stellst.

4. Du darfst gewiß sein, daß Jesus Dich nicht hinausstößt.

Er hat das wörtlich so versprochen. Wenn er Dich nicht hinausstößt, dann hat er Dich angenommen. Du bist sein Eigentum; Du gehörst ihm. Das gilt allein im Vertrauen auf sein Wort und ist völlig unabhängig davon, ob Du dabei etwas fühlst oder nicht.

5. Jesus Christus hat am Kreuz von Golgatha alle Deine Sünde getragen.

„Denn er hat den, der von keiner Sünde wußte, für uns zur Sünde gemacht, auf daß wir würden in ihm die Gerechtigkeit, die vor Gott gilt" (2. Korinther-Brief, Kapitel 5, Vers 21).

„Gott versöhnte in Christus die Welt mit ihm selber und rechnete ihnen ihre Sünden nicht zu“ (2. Korinther-Brief, Kapitel 5, Vers 19).

Weil Jesus Christus am Kreuz die Sünde der ganzen Welt getragen hat, kannst Du es im Glauben für Dich annehmen, daß dazu auch Deine Sünde gehört.

Damit hat Christus alles weggenommen, was Dich von Gott getrennt hat.

6. Diese Gewißheit gewinnst Du nur durch Vertrauen in die Bibel. Sie ist Gottes Wort und verbindliche Autorität für alle Glaubens- und Lebensfragen.

7. Suche Gemeinschaft mit anderen Christen.

Jesus Christus hat am Kreuz Deine Errettung vollbracht. Nimm nun da, wo Du wohnst, Verbindung mit Menschen auf, die die gleiche Erfahrung gemacht haben und ebenfalls an Jesus Christus glauben.

8. Bekenne Deinen Glauben an Jesus Christus vor anderen Menschen.

Jesus hat gesagt: „Wer mich bekennt vor den Menschen, den werde ich auch bekennen vor meinem Vater im Himmel“ (Matthäus, Kapitel 10, Vers 32).

Dein Anton Schulte

P. S. Ich würde mich freuen, wenn Du mir mal schreibst. Wenn ich Dir weiterhelfen kann, tue ich es gern.
Meine Adresse lautet:
Anton Schulte, D-5231 Altenkirchen-Wölmersen,
Neues-Leben-Zentrum.

Weitere Bücher von Anton Schulte:

Lohnt es sich zu leben?
TELOS-Sondertaschenbuch Nr. S 700

Das Leben lohnt sich, wenn man es mit Gott lebt! Was der Autor ausführt, ist seine eigene Lebenserfahrung.
1. Auflage 1976: 1.–250. Tausend, 2. Auflage 1977: 251.–400. Tausend, 3. Auflage 1978: 401.–450. Tausend

Gewißheit macht froh
TELOS-Sondertaschenbuch Nr. S 708

Im Vertrauen auf Jesus Christus, Vergebung unserer Sünden gewiß zu sein, macht unser Leben froh.

Evangelisation – praktisch
TELOS-Paperback Nr. 1157

Mit Anmerkungen zu einer deutschen »Theologie der Evangelisation«

Christsein – die große Chance
TELOS-Sonderausgabe Nr. S 807

Kurze Hinweise und Informationen, welche aufzeigen, wie man heute verbindlich mit Christus leben kann.

Ein Stück Himmel auf Erden
TELOS-Taschenbuch Nr. 207

Wenn ein Mensch von Jesus Christus wirklich verändert wird, dann wirkt sich das nirgends deutlicher aus als in Ehe und Familie.

Leben ist Freude
TELOS-Taschenbuch Nr. 138

Mutmachende Erkenntnisse aus der Bergpredigt Jesu Christi.

Es gibt einen Weg zu Gott
TELOS-Taschenbuch Nr. 10

Der Autor will Menschen, die Gott verloren haben, die ihn suchen oder mit ihm hadern, helfen, ihn zu finden.

Heinz und Elke Gutermut – Familie Gutermut – Bei Gutermuts ist immer was los – Familie Gutermut diskutiert –
TELOS-Kindertaschenbücher 3008/3009/3010/3011

Vier beliebte Kinderbücher mit Kurzgeschichten über das originelle Leben einer Familie, in welcher jeder sich mit Ernst und Humor bemüht, als Christ zu leben.

Zeitschrift »Neues Leben«
Möchten Sie sich über die in diesem Buch angeklungenen wichtigen Fragen hinaus informieren, lohnt es sich, die Zeitschrift »Neues Leben« regelmäßig zu lesen. Bestellen Sie unter nachstehender Anschrift eine kostenlose Probenummer, deren Herausgeber der Verfasser dieses Buches ist: Missionswerk Neues Leben E. V., Kölner Straße 23 a, D-5230 Altenkirchen